全国人民代表大会常务委员会公报版

中华人民共和国
监 察 法

（最新修正本）

中国民主法制出版社

图书在版编目（CIP）数据

中华人民共和国监察法：最新修正本/全国人大常委会办公厅供稿．—北京：中国民主法制出版社，2024. 12. —ISBN 978-7-5162-3790-8

Ⅰ. D922. 114

中国国家版本馆 CIP 数据核字第 2024SZ1232 号

书名/中华人民共和国监察法

出版 · 发行/中国民主法制出版社
地址/北京市丰台区右安门外玉林里 7 号（100069）
电话/（010）63055259（总编室）　63058068　63057714（营销中心）
传真/（010）63055259
http://www. npcpub. com
E-mail:mzfz@ npcpub. com
经销/新华书店
开本/32 开　850 毫米 × 1168 毫米
印张/1. 75　**字数**/30 千字
版本/2025 年 1 月第 1 版　2025 年 1 月第 1 次印刷
印刷/三河市宏图印务有限公司

书号/ISBN 978-7-5162-3790-8
定价/8. 00 元

目　录

中华人民共和国主席令

第四十二号

《全国人民代表大会常务委员会关于修改〈中华人民共和国监察法〉的决定》已由中华人民共和国第十四届全国人民代表大会常务委员会第十三次会议于2024年12月25日通过，现予公布，自2025年6月1日起施行。

中华人民共和国主席　习近平

2024年12月25日

全国人民代表大会常务委员会关于修改《中华人民共和国监察法》的决定

（2024 年 12 月 25 日第十四届全国人民代表大会常务委员会第十三次会议通过）

第十四届全国人民代表大会常务委员会第十三次会议决定对《中华人民共和国监察法》作如下修改：

一、将第一条修改为："为了深入开展廉政建设和反腐败工作，加强对所有行使公权力的公职人员的监督，实现国家监察全面覆盖，持续深化国家监察体制改革，推进国家治理体系和治理能力现代化，根据宪法，制定本法。"

二、将第五条修改为："国家监察工作严格遵照宪法和法律，以事实为根据，以法律为准绳；权责对等，严格监督；遵守法定程序，公正履行职责；尊重和保障人权，在适用法律上一律平等，保障监察对象及相关人员的合法权益；惩戒与教育相结合，宽严相济。”

三、将第十二条第一款修改为：“各级监察委员会可以向本级中国共产党机关、国家机关、中国人民政治协商会议委员会机关、法律法规授权或者委托管理公共事务的组织和单位以及辖区内特定区域、国有企业、事业单位等派驻或者派出监察机构、监察专员。”

增加两款，作为第二款、第三款：“经国家监察委员会批准，国家监察委员会派驻本级实行垂直管理或者双重领导并以上级单位领导为主的单位、国有企业的监察机构、监察专员，可以向驻在单位的下一级单位再派出。

“经国家监察委员会批准，国家监察委员会派驻监察机构、监察专员，可以向驻在单位管理领导班子的普通高等学校再派出；国家监察委员会派驻国务院国有资产监督管理机构的监察机构，可以向驻在单位管理领导班子的国有企业再派出。”

将第二款改为第四款，修改为：“监察机构、监察专员对派驻或者派出它的监察委员会或者监察机构、监察专员负责。”

四、将第十八条第二款修改为：“监察机关及其工作人员对监督、调查过程中知悉的国家秘密、工作秘密、商业秘密、个人隐私和个人信息，应当保密。”

五、将第十九条修改为："对可能发生职务违法的监察对象，监察机关按照管理权限，可以直接或者委托有关机关、人员进行谈话，或者进行函询，要求说明情况。"

六、将第二十条第一款修改为："在调查过程中，对涉嫌职务违法的被调查人，监察机关可以进行谈话，要求其就涉嫌违法行为作出陈述，必要时向被调查人出具书面通知。"

七、增加一条，作为第二十一条："监察机关根据案件情况，经依法审批，可以强制涉嫌严重职务违法或者职务犯罪的被调查人到案接受调查。"

八、增加一条，作为第二十三条："被调查人涉嫌严重职务违法或者职务犯罪，并有下列情形之一的，经监察机关依法审批，可以对其采取责令候查措施：

"（一）不具有本法第二十四条第一款所列情形的；

"（二）符合留置条件，但患有严重疾病、生活不能自理的，系怀孕或者正在哺乳自己婴儿的妇女，或者生活不能自理的人的唯一扶养人；

"（三）案件尚未办结，但留置期限届满或者对被留置人员不需要继续采取留置措施的；

"（四）符合留置条件，但因为案件的特殊情况或者办理案件的需要，采取责令候查措施更为适宜的。

"被责令候查人员应当遵守以下规定：

"（一）未经监察机关批准不得离开所居住的直辖

市、设区的市的城市市区或者不设区的市、县的辖区；

“（二）住址、工作单位和联系方式发生变动的，在二十四小时以内向监察机关报告；

“（三）在接到通知的时候及时到案接受调查；

“（四）不得以任何形式干扰证人作证；

“（五）不得串供或者伪造、隐匿、毁灭证据。

“被责令候查人员违反前款规定，情节严重的，可以依法予以留置。”

九、增加一条，作为第二十五条：“对于未被留置的下列人员，监察机关发现存在逃跑、自杀等重大安全风险的，经依法审批，可以进行管护：

“（一）涉嫌严重职务违法或者职务犯罪的自动投案人员；

“（二）在接受谈话、函询、询问过程中，交代涉嫌严重职务违法或者职务犯罪问题的人员；

“（三）在接受讯问过程中，主动交代涉嫌重大职务犯罪问题的人员。

“采取管护措施后，应当立即将被管护人员送留置场所，至迟不得超过二十四小时。”

十、将第二十六条改为第二十九条第一款，修改为：“监察机关在调查过程中，可以直接或者指派、聘请具有专门知识的人在调查人员主持下进行勘验检查。勘验检查情况应当制作笔录，由参加勘验检查的人员和见证人签名或者盖章。”

增加一款，作为第二款：“必要时，监察机关可以进行调查实验。调查实验情况应当制作笔录，由参加实验的人员签名或者盖章。”

十一、将第四十条改为第四十三条，第二款修改为：“调查人员应当依法文明规范开展调查工作。严禁以暴力、威胁、引诱、欺骗及其他非法方式收集证据，严禁侮辱、打骂、虐待、体罚或者变相体罚被调查人和涉案人员。”

增加一款，作为第三款：“监察机关及其工作人员在履行职责过程中应当依法保护企业产权和自主经营权，严禁利用职权非法干扰企业生产经营。需要企业经营者协助调查的，应当保障其人身权利、财产权利和其他合法权益，避免或者尽量减少对企业正常生产经营活动的影响。”

十二、将第四十一条改为第四十四条，第一款修改为：“调查人员采取讯问、询问、强制到案、责令候查、管护、留置、搜查、调取、查封、扣押、勘验检查等调查措施，均应当依照规定出示证件，出具书面通知，由二人以上进行，形成笔录、报告等书面材料，并由相关人员签名、盖章。”

十三、增加一条，作为第四十六条：“采取强制到案、责令候查或者管护措施，应当按照规定的权限和程序，经监察机关主要负责人批准。

“强制到案持续的时间不得超过十二小时；需要采

取管护或者留置措施的，强制到案持续的时间不得超过二十四小时。不得以连续强制到案的方式变相拘禁被调查人。

“责令候查最长不得超过十二个月。

“监察机关采取管护措施的，应当在七日以内依法作出留置或者解除管护的决定，特殊情况下可以延长一日至三日。”

十四、将第四十三条第一款改为第四十七条。

十五、将第四十三条第二款改为第四十八条第一款，修改为：“留置时间不得超过三个月。在特殊情况下，可以延长一次，延长时间不得超过三个月。省级以下监察机关采取留置措施的，延长留置时间应当报上一级监察机关批准。监察机关发现采取留置措施不当或者不需要继续采取留置措施的，应当及时解除或者变更为责令候查措施。”

增加两款，作为第二款、第三款：“对涉嫌职务犯罪的被调查人可能判处十年有期徒刑以上刑罚，监察机关依照前款规定延长期限届满，仍不能调查终结的，经国家监察委员会批准或者决定，可以再延长二个月。

“省级以上监察机关在调查期间，发现涉嫌职务犯罪的被调查人另有与留置时的罪行不同种的重大职务犯罪或者同种的影响罪名认定、量刑档次的重大职务犯罪，经国家监察委员会批准或者决定，自发现之日起依照本条第一款的规定重新计算留置时间。留置时间重新计算以一次为限。”

十六、将第四十三条第三款改为第四十九条第一款，修改为：“监察机关采取强制到案、责令候查、管护、留置措施，可以根据工作需要提请公安机关配合。公安机关应当依法予以协助。”

增加一款，作为第二款：“省级以下监察机关留置场所的看护勤务由公安机关负责，国家监察委员会留置场所的看护勤务由国家另行规定。留置看护队伍的管理依照国家有关规定执行。”

十七、将第四十四条改为第五十条，第一款修改为：“采取管护或者留置措施后，应当在二十四小时以内，通知被管护人员、被留置人员所在单位和家属，但有可能伪造、隐匿、毁灭证据，干扰证人作证或者串供等有碍调查情形的除外。有碍调查的情形消失后，应当立即通知被管护人员、被留置人员所在单位和家属。解除管护或者留置的，应当及时通知被管护人员、被留置人员所在单位和家属。”

增加一款，作为第二款：“被管护人员、被留置人员及其近亲属有权申请变更管护、留置措施。监察机关收到申请后，应当在三日以内作出决定；不同意变更措施的，应当告知申请人，并说明不同意的理由。”

将第二款改为第三款，修改为：“监察机关应当保障被强制到案人员、被管护人员以及被留置人员的饮食、休息和安全，提供医疗服务。对其谈话、讯问的，应当合理安排时间和时长，谈话笔录、讯问笔录由被谈话人、被讯问人阅看后签名。”

将第三款改为第四款，修改为：“被管护人员、被留置人员涉嫌犯罪移送司法机关后，被依法判处管制、拘役或者有期徒刑的，管护、留置一日折抵管制二日，折抵拘役、有期徒刑一日。”

十八、增加一条，作为第五十一条：“监察机关在调查工作结束后，应当依法对案件事实和证据、性质认定、程序手续、涉案财物等进行全面审理，形成审理报告，提请集体审议。”

十九、将第四十八条改为第五十五条，修改为：“监察机关在调查贪污贿赂、失职渎职等职务犯罪案件过程中，被调查人逃匿或者死亡，有必要继续调查的，应当继续调查并作出结论。被调查人逃匿，在通缉一年后不能到案，或者死亡的，由监察机关提请人民检察院依照法定程序，向人民法院提出没收违法所得的申请。”

二十、将第五十一条改为第五十八条，修改为：“国家监察委员会会同有关单位加强与有关国家、地区、国际组织在反腐败方面开展引渡、移管被判刑人、遣返、联合调查、调查取证、资产追缴和信息交流等执法司法合作和司法协助。”

二十一、增加一条，作为第六十二条：“监察机关根据工作需要，可以从各方面代表中聘请特约监察员。

特约监察员按照规定对监察机关及其工作人员履行职责情况实行监督。”

二十二、增加一条，作为第六十四条：“监察人员涉嫌严重职务违法或者职务犯罪，为防止造成更为严重的后果或者恶劣影响，监察机关经依法审批，可以对其采取禁闭措施。禁闭的期限不得超过七日。

“被禁闭人员应当配合监察机关调查。监察机关经调查发现被禁闭人员符合管护或者留置条件的，可以对其采取管护或者留置措施。

“本法第五十条的规定，适用于禁闭措施。”

二十三、将第六十条改为第六十九条，第一款修改为：“监察机关及其工作人员有下列行为之一的，被调查人及其近亲属、利害关系人有权向该机关申诉：

“（一）采取强制到案、责令候查、管护、留置或者禁闭措施法定期限届满，不予以解除或者变更的；

“（二）查封、扣押、冻结与案件无关或者明显超出涉案范围的财物的；

“（三）应当解除查封、扣押、冻结措施而不解除的；

“（四）贪污、挪用、私分、调换或者违反规定使用查封、扣押、冻结的财物的；

“（五）利用职权非法干扰企业生产经营或者侵害企业经营者人身权利、财产权利和其他合法权益的；

“（六）其他违反法律法规、侵害被调查人合法权益的行为。”

二十四、将第六十五条改为第七十四条，第七项修改为：“（七）违反规定采取强制到案、责令候查、管护、留置或者禁闭措施，或者法定期限届满，不予以解除或者变更的”。

将第八项修改为：“（八）违反规定采取技术调查、限制出境措施，或者不按规定解除技术调查、限制出境措施的”。

增加一项，作为第九项：“（九）利用职权非法干扰企业生产经营或者侵害企业经营者人身权利、财产权利和其他合法权益的”。

本决定自2025年6月1日起施行。

《中华人民共和国监察法》根据本决定作相应修改并对条文顺序作相应调整，重新公布。

中华人民共和国监察法

（2018 年 3 月 20 日第十三届全国人民代表大会第一次会议通过　根据 2024 年 12 月 25 日第十四届全国人民代表大会常务委员会第十三次会议《关于修改〈中华人民共和国监察法〉的决定》修正）

目　　录

第一章　总　　则

第一条　为了深入开展廉政建设和反腐败工作，加强对所有行使公权力的公职人员的监督，实现国家监察全面覆盖，持续深化国家监察体制改革，推进国家治理体系和治理能力现代化，根据宪法，制定本法。

第二条　坚持中国共产党对国家监察工作的领导，以马克思列宁主义、毛泽东思想、邓小平理论、“三个代表”重要思想、科学发展观、习近平新时代中国特色社会主义思想为指导，构建集中统一、权威高效的中国特色国家监察体制。

第三条　各级监察委员会是行使国家监察职能的专责机关，依照本法对所有行使公权力的公职人员（以下称公职人员）进行监察，调查职务违法和职务犯罪，开展廉政建设和反腐败工作，维护宪法和法律的尊严。

第四条　监察委员会依照法律规定独立行使监察权，不受行政机关、社会团体和个人的干涉。

监察机关办理职务违法和职务犯罪案件，应当与审判机关、检察机关、执法部门互相配合，互相制约。

监察机关在工作中需要协助的，有关机关和单位应当根据监察机关的要求依法予以协助。

第五条 国家监察工作严格遵照宪法和法律，以事实为根据，以法律为准绳；权责对等，严格监督；遵守法定程序，公正履行职责；尊重和保障人权，在适用法律上一律平等，保障监察对象及相关人员的合法权益；惩戒与教育相结合，宽严相济。

第六条 国家监察工作坚持标本兼治、综合治理，强化监督问责，严厉惩治腐败；深化改革、健全法治，有效制约和监督权力；加强法治教育和道德教育，弘扬中华优秀传统文化，构建不敢腐、不能腐、不想腐的长效机制。

第二章 监察机关及其职责

第七条 中华人民共和国国家监察委员会是最高监察机关。

省、自治区、直辖市、自治州、县、自治县、市、市辖区设立监察委员会。

第八条 国家监察委员会由全国人民代表大会产生，负责全国监察工作。

国家监察委员会由主任、副主任若干人、委员若干人组成，主任由全国人民代表大会选举，副主任、委员由国家监察委员会主任提请全国人民代表大会常务委员会任免。

国家监察委员会主任每届任期同全国人民代表大会

每届任期相同，连续任职不得超过两届。

国家监察委员会对全国人民代表大会及其常务委员会负责，并接受其监督。

第九条　地方各级监察委员会由本级人民代表大会产生，负责本行政区域内的监察工作。

地方各级监察委员会由主任、副主任若干人、委员若干人组成，主任由本级人民代表大会选举，副主任、委员由监察委员会主任提请本级人民代表大会常务委员会任免。

地方各级监察委员会主任每届任期同本级人民代表大会每届任期相同。

地方各级监察委员会对本级人民代表大会及其常务委员会和上一级监察委员会负责，并接受其监督。

第十条　国家监察委员会领导地方各级监察委员会的工作，上级监察委员会领导下级监察委员会的工作。

第十一条　监察委员会依照本法和有关法律规定履行监督、调查、处置职责：

（一）对公职人员开展廉政教育，对其依法履职、秉公用权、廉洁从政从业以及道德操守情况进行监督检查；

（二）对涉嫌贪污贿赂、滥用职权、玩忽职守、权力寻租、利益输送、徇私舞弊以及浪费国家资财等职务违法和职务犯罪进行调查；

（三）对违法的公职人员依法作出政务处分决定；

对履行职责不力、失职失责的领导人员进行问责；对涉嫌职务犯罪的，将调查结果移送人民检察院依法审查、提起公诉；向监察对象所在单位提出监察建议。

第十二条 各级监察委员会可以向本级中国共产党机关、国家机关、中国人民政治协商会议委员会机关、法律法规授权或者委托管理公共事务的组织和单位以及辖区内特定区域、国有企业、事业单位等派驻或者派出监察机构、监察专员。

经国家监察委员会批准，国家监察委员会派驻本级实行垂直管理或者双重领导并以上级单位领导为主的单位、国有企业的监察机构、监察专员，可以向驻在单位的下一级单位再派出。

经国家监察委员会批准，国家监察委员会派驻监察机构、监察专员，可以向驻在单位管理领导班子的普通高等学校再派出；国家监察委员会派驻国务院国有资产监督管理机构的监察机构，可以向驻在单位管理领导班子的国有企业再派出。

监察机构、监察专员对派驻或者派出它的监察委员会或者监察机构、监察专员负责。

第十三条 派驻或者派出的监察机构、监察专员根据授权，按照管理权限依法对公职人员进行监督，提出监察建议，依法对公职人员进行调查、处置。

第十四条 国家实行监察官制度，依法确定监察官的等级设置、任免、考评和晋升等制度。

第三章 监察范围和管辖

第十五条 监察机关对下列公职人员和有关人员进行监察：

（一）中国共产党机关、人民代表大会及其常务委员会机关、人民政府、监察委员会、人民法院、人民检察院、中国人民政治协商会议各级委员会机关、民主党派机关和工商业联合会机关的公务员，以及参照《中华人民共和国公务员法》管理的人员；

（二）法律、法规授权或者受国家机关依法委托管理公共事务的组织中从事公务的人员；

（三）国有企业管理人员；

（四）公办的教育、科研、文化、医疗卫生、体育等单位中从事管理的人员；

（五）基层群众性自治组织中从事管理的人员；

（六）其他依法履行公职的人员。

第十六条 各级监察机关按照管理权限管辖本辖区内本法第十五条规定的人员所涉监察事项。

上级监察机关可以办理下一级监察机关管辖范围内的监察事项，必要时也可以办理所辖各级监察机关管辖范围内的监察事项。

监察机关之间对监察事项的管辖有争议的，由其共同的上级监察机关确定。

第十七条 上级监察机关可以将其所管辖的监察事项指定下级监察机关管辖，也可以将下级监察机关有管辖权的监察事项指定给其他监察机关管辖。

监察机关认为所管辖的监察事项重大、复杂，需要由上级监察机关管辖的，可以报请上级监察机关管辖。

第四章 监察权限

第十八条 监察机关行使监督、调查职权，有权依法向有关单位和个人了解情况，收集、调取证据。有关单位和个人应当如实提供。

监察机关及其工作人员对监督、调查过程中知悉的国家秘密、工作秘密、商业秘密、个人隐私和个人信息，应当保密。

任何单位和个人不得伪造、隐匿或者毁灭证据。

第十九条 对可能发生职务违法的监察对象，监察机关按照管理权限，可以直接或者委托有关机关、人员进行谈话，或者进行函询，要求说明情况。

第二十条 在调查过程中，对涉嫌职务违法的被调查人，监察机关可以进行谈话，要求其就涉嫌违法行为作出陈述，必要时向被调查人出具书面通知。

对涉嫌贪污贿赂、失职渎职等职务犯罪的被调查人，监察机关可以进行讯问，要求其如实供述涉嫌犯罪的情况。

第二十一条　监察机关根据案件情况，经依法审批，可以强制涉嫌严重职务违法或者职务犯罪的被调查人到案接受调查。

第二十二条　在调查过程中，监察机关可以询问证人等人员。

第二十三条　被调查人涉嫌严重职务违法或者职务犯罪，并有下列情形之一的，经监察机关依法审批，可以对其采取责令候查措施：

（一）不具有本法第二十四条第一款所列情形的；

（二）符合留置条件，但患有严重疾病、生活不能自理的，系怀孕或者正在哺乳自己婴儿的妇女，或者生活不能自理的人的唯一扶养人；

（三）案件尚未办结，但留置期限届满或者对被留置人员不需要继续采取留置措施的；

（四）符合留置条件，但因为案件的特殊情况或者办理案件的需要，采取责令候查措施更为适宜的。

被责令候查人员应当遵守以下规定：

（一）未经监察机关批准不得离开所居住的直辖市、设区的市的城市市区或者不设区的市、县的辖区；

（二）住址、工作单位和联系方式发生变动的，在二十四小时以内向监察机关报告；

（三）在接到通知的时候及时到案接受调查；

（四）不得以任何形式干扰证人作证；

（五）不得串供或者伪造、隐匿、毁灭证据。

被责令候查人员违反前款规定，情节严重的，可以依法予以留置。

第二十四条 被调查人涉嫌贪污贿赂、失职渎职等严重职务违法或者职务犯罪，监察机关已经掌握其部分违法犯罪事实及证据，仍有重要问题需要进一步调查，并有下列情形之一的，经监察机关依法审批，可以将其留置在特定场所：

（一）涉及案情重大、复杂的；

（二）可能逃跑、自杀的；

（三）可能串供或者伪造、隐匿、毁灭证据的；

（四）可能有其他妨碍调查行为的。

对涉嫌行贿犯罪或者共同职务犯罪的涉案人员，监察机关可以依照前款规定采取留置措施。

留置场所的设置、管理和监督依照国家有关规定执行。

第二十五条 对于未被留置的下列人员，监察机关发现存在逃跑、自杀等重大安全风险的，经依法审批，可以进行管护：

（一）涉嫌严重职务违法或者职务犯罪的自动投案人员；

（二）在接受谈话、函询、询问过程中，交代涉嫌严重职务违法或者职务犯罪问题的人员；

（三）在接受讯问过程中，主动交代涉嫌重大职务犯罪问题的人员。

采取管护措施后，应当立即将被管护人员送留置场所，至迟不得超过二十四小时。

第二十六条 监察机关调查涉嫌贪污贿赂、失职渎职等严重职务违法或者职务犯罪，根据工作需要，可以依照规定查询、冻结涉案单位和个人的存款、汇款、债券、股票、基金份额等财产。有关单位和个人应当配合。

冻结的财产经查明与案件无关的，应当在查明后三日内解除冻结，予以退还。

第二十七条 监察机关可以对涉嫌职务犯罪的被调查人以及可能隐藏被调查人或者犯罪证据的人的身体、物品、住处和其他有关地方进行搜查。在搜查时，应当出示搜查证，并有被搜查人或者其家属等见证人在场。

搜查女性身体，应当由女性工作人员进行。

监察机关进行搜查时，可以根据工作需要提请公安机关配合。公安机关应当依法予以协助。

第二十八条 监察机关在调查过程中，可以调取、查封、扣押用以证明被调查人涉嫌违法犯罪的财物、文件和电子数据等信息。采取调取、查封、扣押措施，应当收集原物原件，会同持有人或者保管人、见证人，当面逐一拍照、登记、编号，开列清单，由在场人员当场核对、签名，并将清单副本交财物、文件的持有人或者保管人。

对调取、查封、扣押的财物、文件，监察机关应当设立专用账户、专门场所，确定专门人员妥善保管，严格履行交接、调取手续，定期对账核实，不得毁损或者用于其他目的。对价值不明物品应当及时鉴定，专门封存保管。

查封、扣押的财物、文件经查明与案件无关的，应当在查明后三日内解除查封、扣押，予以退还。

第二十九条　监察机关在调查过程中，可以直接或者指派、聘请具有专门知识的人在调查人员主持下进行勘验检查。勘验检查情况应当制作笔录，由参加勘验检查的人员和见证人签名或者盖章。

必要时，监察机关可以进行调查实验。调查实验情况应当制作笔录，由参加实验的人员签名或者盖章。

第三十条　监察机关在调查过程中，对于案件中的专门性问题，可以指派、聘请有专门知识的人进行鉴定。鉴定人进行鉴定后，应当出具鉴定意见，并且签名。

第三十一条　监察机关调查涉嫌重大贪污贿赂等职务犯罪，根据需要，经过严格的批准手续，可以采取技术调查措施，按照规定交有关机关执行。

批准决定应当明确采取技术调查措施的种类和适用对象，自签发之日起三个月以内有效；对于复杂、疑难案件，期限届满仍有必要继续采取技术调查措施的，经过批准，有效期可以延长，每次不得超过三个月。对于不需要继续采取技术调查措施的，应当及时解除。

第三十二条　依法应当留置的被调查人如果在逃，监察机关可以决定在本行政区域内通缉，由公安机关发布通缉令，追捕归案。通缉范围超出本行政区域的，应当报请有权决定的上级监察机关决定。

第三十三条　监察机关为防止被调查人及相关人员逃匿境外，经省级以上监察机关批准，可以对被调查人及相关人员采取限制出境措施，由公安机关依法执行。对于不需要继续采取限制出境措施的，应当及时解除。

第三十四条　涉嫌职务犯罪的被调查人主动认罪认罚，有下列情形之一的，监察机关经领导人员集体研究，并报上一级监察机关批准，可以在移送人民检察院时提出从宽处罚的建议：

（一）自动投案，真诚悔罪悔过的；

（二）积极配合调查工作，如实供述监察机关还未掌握的违法犯罪行为的；

（三）积极退赃，减少损失的；

（四）具有重大立功表现或者案件涉及国家重大利益等情形的。

第三十五条　职务违法犯罪的涉案人员揭发有关被调查人职务违法犯罪行为，查证属实的，或者提供重要线索，有助于调查其他案件的，监察机关经领导人员集体研究，并报上一级监察机关批准，可以在移送人民检察院时提出从宽处罚的建议。

第三十六条　监察机关依照本法规定收集的物证、

书证、证人证言、被调查人供述和辩解、视听资料、电子数据等证据材料，在刑事诉讼中可以作为证据使用。

监察机关在收集、固定、审查、运用证据时，应当与刑事审判关于证据的要求和标准相一致。

以非法方法收集的证据应当依法予以排除，不得作为案件处置的依据。

第三十七条　人民法院、人民检察院、公安机关、审计机关等国家机关在工作中发现公职人员涉嫌贪污贿赂、失职渎职等职务违法或者职务犯罪的问题线索，应当移送监察机关，由监察机关依法调查处置。

被调查人既涉嫌严重职务违法或者职务犯罪，又涉嫌其他违法犯罪的，一般应当由监察机关为主调查，其他机关予以协助。

第五章　监察程序

第三十八条　监察机关对于报案或者举报，应当接受并按照有关规定处理。对于不属于本机关管辖的，应当移送主管机关处理。

第三十九条　监察机关应当严格按照程序开展工作，建立问题线索处置、调查、审理各部门相互协调、相互制约的工作机制。

监察机关应当加强对调查、处置工作全过程的监督管理，设立相应的工作部门履行线索管理、监督检查、督促办理、统计分析等管理协调职能。

第四十条 监察机关对监察对象的问题线索，应当按照有关规定提出处置意见，履行审批手续，进行分类办理。线索处置情况应当定期汇总、通报，定期检查、抽查。

第四十一条 需要采取初步核实方式处置问题线索的，监察机关应当依法履行审批程序，成立核查组。初步核实工作结束后，核查组应当撰写初步核实情况报告，提出处理建议。承办部门应当提出分类处理意见。初步核实情况报告和分类处理意见报监察机关主要负责人审批。

第四十二条 经过初步核实，对监察对象涉嫌职务违法犯罪，需要追究法律责任的，监察机关应当按照规定的权限和程序办理立案手续。

监察机关主要负责人依法批准立案后，应当主持召开专题会议，研究确定调查方案，决定需要采取的调查措施。

立案调查决定应当向被调查人宣布，并通报相关组织。涉嫌严重职务违法或者职务犯罪的，应当通知被调查人家属，并向社会公开发布。

第四十三条 监察机关对职务违法和职务犯罪案件，应当进行调查，收集被调查人有无违法犯罪以及情节轻重的证据，查明违法犯罪事实，形成相互印证、完整稳定的证据链。

调查人员应当依法文明规范开展调查工作。严禁以暴力、威胁、引诱、欺骗及其他非法方式收集证据，严禁侮辱、打骂、虐待、体罚或者变相体罚被调查人和涉案人员。

监察机关及其工作人员在履行职责过程中应当依法保护企业产权和自主经营权，严禁利用职权非法干扰企业生产经营。需要企业经营者协助调查的，应当保障其人身权利、财产权利和其他合法权益，避免或者尽量减少对企业正常生产经营活动的影响。

第四十四条　调查人员采取讯问、询问、强制到案、责令候查、管护、留置、搜查、调取、查封、扣押、勘验检查等调查措施，均应当依照规定出示证件，出具书面通知，由二人以上进行，形成笔录、报告等书面材料，并由相关人员签名、盖章。

调查人员进行讯问以及搜查、查封、扣押等重要取证工作，应当对全过程进行录音录像，留存备查。

第四十五条　调查人员应当严格执行调查方案，不得随意扩大调查范围、变更调查对象和事项。

对调查过程中的重要事项，应当集体研究后按程序请示报告。

第四十六条　采取强制到案、责令候查或者管护措施，应当按照规定的权限和程序，经监察机关主要负责人批准。

强制到案持续的时间不得超过十二小时；需要采取

管护或者留置措施的，强制到案持续的时间不得超过二十四小时。不得以连续强制到案的方式变相拘禁被调查人。

责令候查最长不得超过十二个月。

监察机关采取管护措施的，应当在七日以内依法作出留置或者解除管护的决定，特殊情况下可以延长一日至三日。

第四十七条 监察机关采取留置措施，应当由监察机关领导人员集体研究决定。设区的市级以下监察机关采取留置措施，应当报上一级监察机关批准。省级监察机关采取留置措施，应当报国家监察委员会备案。

第四十八条 留置时间不得超过三个月。在特殊情况下，可以延长一次，延长时间不得超过三个月。省级以下监察机关采取留置措施的，延长留置时间应当报上一级监察机关批准。监察机关发现采取留置措施不当或者不需要继续采取留置措施的，应当及时解除或者变更为责令候查措施。

对涉嫌职务犯罪的被调查人可能判处十年有期徒刑以上刑罚，监察机关依照前款规定延长期限届满，仍不能调查终结的，经国家监察委员会批准或者决定，可以再延长二个月。

省级以上监察机关在调查期间，发现涉嫌职务犯罪的被调查人另有与留置时的罪行不同种的重大职务犯罪或者同种的影响罪名认定、量刑档次的重大职务犯罪，经国家监察委员会批准或者决定，自发现之日起依照本条第一款的规定重新计算留置时间。留置时间重新计算以一次为限。

第四十九条 监察机关采取强制到案、责令候查、管护、留置措施，可以根据工作需要提请公安机关配合。公安机关应当依法予以协助。

省级以下监察机关留置场所的看护勤务由公安机关负责，国家监察委员会留置场所的看护勤务由国家另行规定。留置看护队伍的管理依照国家有关规定执行。

第五十条 采取管护或者留置措施后，应当在二十四小时以内，通知被管护人员、被留置人员所在单位和家属，但有可能伪造、隐匿、毁灭证据，干扰证人作证或者串供等有碍调查情形的除外。有碍调查的情形消失后，应当立即通知被管护人员、被留置人员所在单位和家属。解除管护或者留置的，应当及时通知被管护人员、被留置人员所在单位和家属。

被管护人员、被留置人员及其近亲属有权申请变更管护、留置措施。监察机关收到申请后，应当在三日以内作出决定；不同意变更措施的，应当告知申请人，并说明不同意的理由。

监察机关应当保障被强制到案人员、被管护人员以及被留置人员的饮食、休息和安全，提供医疗服务。对其谈话、讯问的，应当合理安排时间和时长，谈话笔录、讯问笔录由被谈话人、被讯问人阅看后签名。

被管护人员、被留置人员涉嫌犯罪移送司法机关后，被依法判处管制、拘役或者有期徒刑的，管护、留置一日折抵管制二日，折抵拘役、有期徒刑一日。

第五十一条 监察机关在调查工作结束后，应当依法对案件事实和证据、性质认定、程序手续、涉案财物等进行全面审理，形成审理报告，提请集体审议。

第五十二条 监察机关根据监督、调查结果，依法作出如下处置：

（一）对有职务违法行为但情节较轻的公职人员，按照管理权限，直接或者委托有关机关、人员，进行谈话提醒、批评教育、责令检查，或者予以诫勉；

（二）对违法的公职人员依照法定程序作出警告、记过、记大过、降级、撤职、开除等政务处分决定；

（三）对不履行或者不正确履行职责负有责任的领导人员，按照管理权限对其直接作出问责决定，或者向有权作出问责决定的机关提出问责建议；

（四）对涉嫌职务犯罪的，监察机关经调查认为犯罪事实清楚，证据确实、充分的，制作起诉意见书，连同案卷材料、证据一并移送人民检察院依法审查、提起公诉；

（五）对监察对象所在单位廉政建设和履行职责存在的问题等提出监察建议。

监察机关经调查，对没有证据证明被调查人存在违法犯罪行为的，应当撤销案件，并通知被调查人所在单位。

第五十三条 监察机关经调查，对违法取得的财物，依法予以没收、追缴或者责令退赔；对涉嫌犯罪取得的财物，应当随案移送人民检察院。

第五十四条 对监察机关移送的案件，人民检察院依照《中华人民共和国刑事诉讼法》对被调查人采取强制措施。

人民检察院经审查，认为犯罪事实已经查清，证据确实、充分，依法应当追究刑事责任的，应当作出起诉决定。

人民检察院经审查，认为需要补充核实的，应当退回监察机关补充调查，必要时可以自行补充侦查。对于补充调查的案件，应当在一个月内补充调查完毕。补充调查以二次为限。

人民检察院对于有《中华人民共和国刑事诉讼法》规定的不起诉的情形的，经上一级人民检察院批准，依法作出不起诉的决定。监察机关认为不起诉的决定有错误的，可以向上一级人民检察院提请复议。

第五十五条 监察机关在调查贪污贿赂、失职渎职等职务犯罪案件过程中，被调查人逃匿或者死亡，有必要继续调查的，应当继续调查并作出结论。被调查人逃匿，在通缉一年后不能到案，或者死亡的，由监察机关提请人民检察院依照法定程序，向人民法院提出没收违法所得的申请。

第五十六条　监察对象对监察机关作出的涉及本人的处理决定不服的，可以在收到处理决定之日起一个月内，向作出决定的监察机关申请复审，复审机关应当在一个月内作出复审决定；监察对象对复审决定仍不服的，可以在收到复审决定之日起一个月内，向上一级监察机关申请复核，复核机关应当在二个月内作出复核决定。复审、复核期间，不停止原处理决定的执行。复核机关经审查，认定处理决定有错误的，原处理机关应当及时予以纠正。

第六章　反腐败国际合作

第五十七条　国家监察委员会统筹协调与其他国家、地区、国际组织开展的反腐败国际交流、合作，组织反腐败国际条约实施工作。

第五十八条　国家监察委员会会同有关单位加强与有关国家、地区、国际组织在反腐败方面开展引渡、移管被判刑人、遣返、联合调查、调查取证、资产追缴和信息交流等执法司法合作和司法协助。

第五十九条　国家监察委员会加强对反腐败国际追逃追赃和防逃工作的组织协调，督促有关单位做好相关工作：

（一）对于重大贪污贿赂、失职渎职等职务犯罪案件，被调查人逃匿到国（境）外，掌握证据比较确凿的，通过开展境外追逃合作，追捕归案；

（二）向赃款赃物所在国请求查询、冻结、扣押、没收、追缴、返还涉案资产；

（三）查询、监控涉嫌职务犯罪的公职人员及其相关人员进出国（境）和跨境资金流动情况，在调查案件过程中设置防逃程序。

第七章　对监察机关和监察人员的监督

第六十条　各级监察委员会应当接受本级人民代表大会及其常务委员会的监督。

各级人民代表大会常务委员会听取和审议本级监察委员会的专项工作报告，组织执法检查。

县级以上各级人民代表大会及其常务委员会举行会议时，人民代表大会代表或者常务委员会组成人员可以依照法律规定的程序，就监察工作中的有关问题提出询问或者质询。

第六十一条　监察机关应当依法公开监察工作信息，接受民主监督、社会监督、舆论监督。

第六十二条　监察机关根据工作需要，可以从各方面代表中聘请特约监察员。特约监察员按照规定对监察机关及其工作人员履行职责情况实行监督。

第六十三条　监察机关通过设立内部专门的监督机构等方式，加强对监察人员执行职务和遵守法律情况的监督，建设忠诚、干净、担当的监察队伍。

第六十四条　监察人员涉嫌严重职务违法或者职务犯罪，为防止造成更为严重的后果或者恶劣影响，监察机关经依法审批，可以对其采取禁闭措施。禁闭的期限不得超过七日。

被禁闭人员应当配合监察机关调查。监察机关经调查发现被禁闭人员符合管护或者留置条件的，可以对其采取管护或者留置措施。

本法第五十条的规定，适用于禁闭措施。

第六十五条　监察人员必须模范遵守宪法和法律，忠于职守、秉公执法，清正廉洁、保守秘密；必须具有良好的政治素质，熟悉监察业务，具备运用法律、法规、政策和调查取证等能力，自觉接受监督。

第六十六条　对于监察人员打听案情、过问案件、说情干预的，办理监察事项的监察人员应当及时报告。有关情况应当登记备案。

发现办理监察事项的监察人员未经批准接触被调查人、涉案人员及其特定关系人，或者存在交往情形的，知情人应当及时报告。有关情况应当登记备案。

第六十七条　办理监察事项的监察人员有下列情形之一的，应当自行回避，监察对象、检举人及其他有关人员也有权要求其回避：

（一）是监察对象或者检举人的近亲属的；

（二）担任过本案的证人的；

（三）本人或者其近亲属与办理的监察事项有利害关系的；

（四）有可能影响监察事项公正处理的其他情形的。

第六十八条　监察机关涉密人员离岗离职后，应当遵守脱密期管理规定，严格履行保密义务，不得泄露相关秘密。

监察人员辞职、退休三年内，不得从事与监察和司法工作相关联且可能发生利益冲突的职业。

第六十九条　监察机关及其工作人员有下列行为之一的，被调查人及其近亲属、利害关系人有权向该机关申诉：

（一）采取强制到案、责令候查、管护、留置或者禁闭措施法定期限届满，不予以解除或者变更的；

（二）查封、扣押、冻结与案件无关或者明显超出涉案范围的财物的；

（三）应当解除查封、扣押、冻结措施而不解除的；

（四）贪污、挪用、私分、调换或者违反规定使用查封、扣押、冻结的财物的；

（五）利用职权非法干扰企业生产经营或者侵害企业经营者人身权利、财产权利和其他合法权益的；

（六）其他违反法律法规、侵害被调查人合法权益的行为。

受理申诉的监察机关应当在受理申诉之日起一个月内作出处理决定。申诉人对处理决定不服的，可以在收到处理决定之日起一个月内向上一级监察机关申请复查，上一级监察机关应当在收到复查申请之日起二个月内作出处理决定，情况属实的，及时予以纠正。

第七十条　对调查工作结束后发现立案依据不充分或者失实，案件处置出现重大失误，监察人员严重违法的，应当追究负有责任的领导人员和直接责任人员的责任。

第八章　法律责任

第七十一条　有关单位拒不执行监察机关作出的处理决定，或者无正当理由拒不采纳监察建议的，由其主管部门、上级机关责令改正，对单位给予通报批评；对负有责任的领导人员和直接责任人员依法给予处理。

第七十二条　有关人员违反本法规定，有下列行为之一的，由其所在单位、主管部门、上级机关或者监察机关责令改正，依法给予处理：

（一）不按要求提供有关材料，拒绝、阻碍调查措施实施等拒不配合监察机关调查的；

（二）提供虚假情况，掩盖事实真相的；

（三）串供或者伪造、隐匿、毁灭证据的；

（四）阻止他人揭发检举、提供证据的；

（五）其他违反本法规定的行为，情节严重的。

第七十三条 监察对象对控告人、检举人、证人或者监察人员进行报复陷害的；控告人、检举人、证人捏造事实诬告陷害监察对象的，依法给予处理。

第七十四条 监察机关及其工作人员有下列行为之一的，对负有责任的领导人员和直接责任人员依法给予处理：

（一）未经批准、授权处置问题线索，发现重大案情隐瞒不报，或者私自留存、处理涉案材料的；

（二）利用职权或者职务上的影响干预调查工作、以案谋私的；

（三）违法窃取、泄露调查工作信息，或者泄露举报事项、举报受理情况以及举报人信息的；

（四）对被调查人或者涉案人员逼供、诱供，或者侮辱、打骂、虐待、体罚或者变相体罚的；

（五）违反规定处置查封、扣押、冻结的财物的；

（六）违反规定发生办案安全事故，或者发生安全事故后隐瞒不报、报告失实、处置不当的；

（七）违反规定采取强制到案、责令候查、管护、留置或者禁闭措施，或者法定期限届满，不予以解除或者变更的；

（八）违反规定采取技术调查、限制出境措施，或者不按规定解除技术调查、限制出境措施的；

（九）利用职权非法干扰企业生产经营或者侵害企

业经营者人身权利、财产权利和其他合法权益的；

（十）其他滥用职权、玩忽职守、徇私舞弊的行为。

第七十五条　违反本法规定，构成犯罪的，依法追究刑事责任。

第七十六条　监察机关及其工作人员行使职权，侵犯公民、法人和其他组织的合法权益造成损害的，依法给予国家赔偿。

第九章　附　　则

第七十七条　中国人民解放军和中国人民武装警察部队开展监察工作，由中央军事委员会根据本法制定具体规定。

第七十八条　本法自公布之日起施行。《中华人民共和国行政监察法》同时废止。

关于《中华人民共和国监察法（修正草案）》的说明

——2024年9月10日在第十四届全国人民代表大会常务委员会第十一次会议上

国家监察委员会主任　刘金国

全国人民代表大会常务委员会：

我代表国家监察委员会，作关于《中华人民共和国监察法（修正草案）》的说明。

一、修改监察法的必要性

十三届全国人大一次会议于2018年3月20日审议通过的《中华人民共和国监察法》，是深化国家监察体制改革的重大制度成果。监察法的实施，对加强党对反腐败工作的集中统一领导，构建集中统一、权威高效的中国特色国家监察体制，实现对公职人员的监察全覆盖发挥了重要作用。与此同时，以习近平同志为核心的党中央从推进党的自我革命、健全党和国家监督体系的高度，对持续深化国家监察体制改革作出重要部署，反腐败斗争面临新的形势和任务，全面建设社会主义现代化国家对纪检监察工作高质量发展提出新的要求，迫切需要与时俱进地对监察法作出修改完善。

一是深入贯彻党的二十大和二十届三中全会决策部署的必然要求。党的二十大和二十届三中全会对推进反腐败国家立法作出明确部署。监察法作为对国家监察工作起统领性和基础性作用的反腐败国家立法，是党和国家监督制度的重要内容，是党的自我革命制度规范体系的重要组成部分。贯彻党的二十大和二十届三中全会精神，及时修改监察法，坚持和强化党对监察工作的领导，坚持和完善党中央集中统一领导下的反腐败工作体制机制，完善监察机关派驻制度，深化反腐败国际合作，增强监察全覆盖的有效性，有利于健全党和国家监督体系，增强治理腐败效能，提升党的自我净化、自我完善、自我革新、自我提高能力，更好实现新时代新征程党的使命任务。

二是巩固拓展国家监察体制改革成果的重要举措。习近平总书记强调，“要实现立法和改革决策相衔接，做到重大改革于法有据、立法主动适应改革发展需要”。监察法实施以来，在党中央坚强领导下，国家监察体制改革持续深化，改革举措不断出台，改革成效不断显现。修改监察法，及时把在党中央领导下持续深化国家监察体制改革积累的宝贵经验制度化，将实践成果上升为法律规定，能够为持续深化国家监察体制改革提供长久法治动力，有利于形成立法保障改革、改革推动制度创新的良性循环。

三是解决新形势下监察工作中突出问题的现实需要。当前，反腐败斗争取得压倒性胜利并全面巩固，但形势依然严峻复杂，铲除腐败滋生土壤和条件的任务依然艰巨。同时，监察法实施中出现了一些新情况新问题，如有些案件留置期限紧张影响办案质量和效果，监察机关强制措施单一等。修改监察法，根据反腐败斗争的新形势新任务，进一步授予监察权限，优化留置期限，打通理顺制度堵点难点，有利于依法解决实践中反映出来的突出问题，进一步提高监督执法工作的精准性、实效性，为以零容忍态度反腐惩恶，坚决打赢反腐败斗争攻坚战持久战，一体推进不敢腐、不能腐、不想腐提供法制保障。

四是推进监察工作规范化、法治化、正规化的有力保证。习近平总书记多次强调，纪检监察机关要增强法治意识、程序意识、证据意识，不断提高纪检监察工作规范化、法治化、正规化水平。监察法集组织法、程序法、实体法于一体，对保障各级监察机关正确行使职权，以法治思维和法治方式反对腐败发挥了积极作用。随着监察实践的不断丰富发展，修改监察法，进一步完善监察程序、严格批准权限，健全监察机关内控机制，严格对监察人员违法行为的责任追究，有利于指导各级监察机关加强规范化、专业化建设，健全自身权力运行机制和管理监督体系，确保监察执法权受监督、有约束，推动监察权在法治轨道上运行，推进新时代监察工作高质量发展。

二、修改监察法的指导思想、工作原则和工作过程

监察法修改工作坚持以习近平新时代中国特色社会主义思想为指导，深入贯彻习近平法治思想，深刻领悟“两个确立”的决定性意义，增强“四个意识”、坚定“四个自信”、做到“两个维护”，主要把握以下原则：一是坚持正确政治方向。坚决贯彻落实党中央决策部署，使党的主张通过法定程序转化为国家意志，自觉在党中央的领导下开展修法工作。二是坚持问题导向。聚焦实践反映的突出问题，对法律制度堵点实施“定点爆破”，力争以小切口解决大问题。三是坚持系统观念。与近年来新制定或者修改的纪检党内法规和监察法律法规相衔接，保证制度之间协调联动。四是坚持科学修法。保持监察法总体稳定，根据党中央部署和形势发展要求作必要修改，保持基本监察制度顶层设计的连续性。

国家监委于2023年启动监察法修改工作，主要开展了以下工作：一是深入学习领会习近平总书记重要论述。认真学习习近平法治思想和习近平总书记关于党的自我革命的重要思想，全面梳理学习习近平总书记关于完善党和国家监督体系、持续深化国家监察体制改革、深入开展党风廉政建设和反腐败斗争等重要论述。二是深入调查研究。梳理近年来全国人大代表和政协委员提出的有关议案、建议和提案，就修法重点难点问题开展专题研究，召开专家学者座谈会，并赴部分省份开展实地调研。三是广泛征求意见。《草案》起草过程中，征求了中央和国家机关有关部门、省级监察机关和部分市、县监察机关等单位的意见。在此基础上，经反复研究、修改完善，形成了目前的《草案》。《草案》已经国家监察委员会全体会议审议同意。

三、修改的主要内容

《草案》共二十三条，对现行监察法主要作了五个方面修改，内容如下：

（一）完善总则和有关监察派驻的规定。一是为体现与时俱进修法的精神，对立法目的表述进行调整，将“深入开展反腐败工作”作为首要立法目的。二是将“遵守法定程序，公正履行职责”、“尊重和保障人权”写入监察工作原则，并在监察程序中对监察机关依法文明规范开展调查工作、保护企业产权和自主经营权等作出规定。三是规定国家监委派驻本级实行垂直管理或者双重领导并以上级单位领导为主的单位、国有企业的监察机构、监察专员，可以向驻在单位的下一级单位再派出；国家监委派驻国务院国资委等有关单位的监察机构、监察专员可以向驻在单位管理领导班子的国有企业、普通高等学校再派出。这能够为实现监察有效覆盖提供法律依据。

（二）授予必要的监察措施。根据反腐败工作需要和监察工作特点，构建轻重结合、配套衔接的监察强制措施体系。一是增加强制到案措施，规定监察机关根据案件情况，可以强制涉嫌严重职务违法或者职务犯罪的被调查人到案接受调查，解决监察实践中存在的部分被调查人经通知不到案的问题，增强监察执法权威性。二是增加责令候查措施，解决未被采取留置措施的被调查人缺乏相应监督管理措施的问题，同时减少留置措施适用，彰显本法总则关于尊重和保障人权、维护监察对象和相关人员合法权益的基本原则。三是增加管护措施，规定监察机关在特定情形下，对存在逃跑、自杀等重大安全风险的涉嫌严重职务违法或者职务犯罪人员，可以进行管护，避免有关人员自动投案或者交代有关问题后因情绪波动等原因发生安全事件。

（三）完善监察程序。一是在现行留置期限规定的基础上，增加规定经国家监委批准或决定，对可能判处十年有期徒刑以上刑罚的案件可以再延长二个月留置期限，省级以上监察机关发现另有重要罪行可以重新计算一次留置期限，以适应监察办案实际，解决重大复杂案件留置期限紧张的问题。二是明确公安机关负责省级以下监察机关留置场所的看护勤务，对留置看护队伍的组建作出原则规定。三是配套完善新增三项监察强制措施的时限和工作要求，赋予有关人员申请变更监察强制措施的权利，后续还将在相关配套制度中进一步细化采取监察强制措施的内部审批手续和工作流程，确保相关措施严格规范行使。四是规定审理程序和审理工作要求，突出审理的审核把关和监督制约作用。

（四）充实反腐败国际合作相关规定。与国际刑事司法协助法等法律相衔接，充实完善国家监委反腐败国际合作职责。

（五）强化监察机关自身建设。一是增加特约监察员监督相关内容。二是巩固深化全国纪检监察干部队伍教育整顿成果，增加规定监察人员涉嫌严重职务违法或者职务犯罪，为防止造成更为严重的后果或者恶劣影响，监察机关可以对其采取禁闭措施，体现对监察人员从严监督和约束。三是结合新增监察措施，相应完善对监察机关及其人员违法办案的申诉制度和责任追究规定。

《草案》和以上说明是否妥当，请审议。

全国人民代表大会宪法和法律委员会关于《中华人民共和国监察法（修正草案）》审议结果的报告

全国人民代表大会常务委员会：

常委会第十一次会议对监察法修正草案进行了初次审议。会后，法制工作委员会将修正草案印发中央有关部门、各省（自治区、直辖市）和部分设区的市人大常委会、部分基层立法联系点、高等院校、研究机构征求意见，并在中国人大网全文公布修正草案，征求社会公众意见。宪法和法律委员会、监察和司法委员会、法制工作委员会联合召开座谈会，就修正草案中的主要问题听取中央有关部门和专家学者的意见；到北京、山西等地调研，听取意见。宪法和法律委员会于11月25日召开会议，根据常委会组成人员的审议意见和各方面的意见，对修正草案进行了逐条审议。监察和司法委员会、国家监察委员会有关负责同志列席了会议。12月16日，宪法和法律委员会召开会议，再次进行了审议。宪法和法律委员会认为，党的二十届三中全会决定明确提出修改监察法，贯彻落实党中央决策部署，巩固拓展国家监察体制改革成果，根据反腐败斗争新形势新任务，与时俱进对监察法进行修改是必要的，修正草案经过审议修改，已经比较成熟。同时，提出以下主要修改意见：

一、有的常委委员、部门、地方、基层立法联系点、专家和社会公众建议，对强制到案、责令候查、管护三项强制措施相应的审批权限和程序予以明确，防止滥用。宪法和法律委员会经研究，建议增加规定："采取强制到案、责令候查或者管护措施，应当按照规定的权限和程序，经监察机关主要负责人批准。"

二、修正草案第十九条规定，"国家监察委员会会同有关单位加强与有关国家、地区、国际组织在反腐败方面的司法执法合作，开展引渡、司法协助、移管被判刑人、遣返、联合调查、调查取证、资产追缴和信息交流等合作。"有的部门和专家提出，根据国际刑事司法协助法的规定，调查取证、移管被判刑人属于司法协助的范围，建议与相关法律做好衔接。宪法和法律委员会经研究，建议将本条修改为："国家监察委员会会同有关单位加强与有关国家、地区、国际组织在反腐败方面开展引渡、移管被判刑人、遣返、联合调查、调查取证、资产追缴和信息交流等执法司法合作和司法协助。”

三、修正草案第二十二条对被调查人的申诉权作了规定。有的常委委员、地方、基层立法联系点和专家提出，为了保护被调查人的人身权、财产权和企业的合法权益，建议进一步明确相关救济途径。宪法和法律委员会经研究，建议在被调查人有权申诉的情形中增加规定：采取“禁闭”措施法定期限届满，不予以解除或者变更的；“利用职权非法干扰企业生产经营或者侵害企业经营者人身权利、财产权利和其他合法权益的”。

四、修正草案第二十三条对监察机关及其工作人员的法律责任作了规定。有的意见建议增加规定，监察机关及其工作人员违反规定采取强制到案、责令候查、管护、留置“或者禁闭”措施，“或者法定期限届满，不予以解除或者变更”的；“利用职权非法干扰企业生产经营或者侵害企业经营者人身权利、财产权利和其他合法权益的”，应当对有关人员给予处理。宪法和法律委员会经研究，建议采纳上述意见。

需要说明的是，各方面还对进一步完善监察制度提出了一些好的意见建议。宪法和法律委员会经研究认为，有的可以在实践中进一步探索，有的尚未形成共识、修改条件还不成熟，有的可以通过加强改进工作予以解决。考虑到这次修改是部分修改，属于可改可不改的，一般不作修改，对各方面提出的意见建议，可继续加强研究，或者在国家监察委员会相关配套规定中予以考虑。

此外，根据各方面的意见，还对修正草案作了一些文字修改。

12月5日，法制工作委员会召开会议，邀请部分专家学者、全国人大代表就修正草案中主要制度规范的可行性、法律出台时机等进行评估。与会人员普遍认为，修正草案贯彻党的二十大和二十届三中全会决策部署，总结吸收实践经验，将国家监察体制改革的实践成果制度化，有效回应和解决新形势下监察工作中的突出问题，具有现实必要性、针对性和可行性，对持续深化国家监察体制改革，进一步健全监察制度，推进监察工作规范化、法治化、正规化，具有重要意义。修正草案经过修改，充分吸收了各方面意见，已经比较成熟，建议审议通过。与会人员还对修正草案提出了一些具体修改意见，经研究，对有的意见予以采纳。

宪法和法律委员会已按上述意见提出了全国人民代表大会常务委员会关于修改《中华人民共和国监察法》的决定（草案），建议提请本次常委会会议审议通过。

修改决定草案和以上报告是否妥当，请审议。

全国人民代表大会宪法和法律委员会

2024年12月21日

全国人民代表大会宪法和法律委员会关于《全国人民代表大会常务委员会关于修改〈中华人民共和国监察法〉的决定（草案）》修改意见的报告

全国人民代表大会常务委员会：

本次常委会会议于 12 月 21 日下午对关于修改监察法的决定草案进行了分组审议。普遍认为，修改决定草案已经比较成熟，建议进一步修改后，提请本次常委会会议表决通过。同时，有些常委会组成人员和列席人员还提出了一些修改意见和建议。宪法和法律委员会于 12 月 22 日下午召开会议，逐条研究了常委会组成人员和列席人员的审议意见，对修改决定草案进行统一审议。监察和司法委员会、国家监察委员会有关负责同志列席了会议。宪法和法律委员会认为，修改决定草案是可行的，同时，提出以下修改意见：

一、修改决定草案第四条规定：“监察机关及其工作人员对监督、调查过程中知悉的国家秘密、工作秘密、商业秘密、个人隐私，应当保密。”有的常委委员提出，除国家秘密、工作秘密、商业秘密、个人隐私外，监察官法规定监察官应当对在履行职责中知悉的个人信息予以保密，建议在“个人隐私”后增加“个人信息”。宪法和法律委员会经研究，建议采纳上述意见。

二、修改决定草案第十条中规定，监察机关在调查过程中，“必要时，可以进行调查实验。”有的常委委员建议，进一步明确调查实验的程序。宪法和法律委员会经研究，建议将这一规定单作一款，修改为：“必要时，监察机关可以进行调查实验。调查实验情况应当制作笔录，由参加实验的人员签名或者盖章。”

三、修改决定草案第十一条中规定了监察机关依法保护企业产权和自主经营权。有的常委委员提出，监察机关需要企业经营者协助调查的，应当避免或者尽量减少对企业正常生产经营活动的影响。宪法和法律委员会经研究，建议采纳上述意见。

四、修改决定草案第二十三条中规定，监察机关及其工作人员“查封、扣押、冻结与案件无关的财物的”，被调查人有权向该机关申诉。有的常委委员建议增加规定：查封、扣押、冻结“明显超出涉案范围”的财物的，被调查人也有权提出申诉。宪法和法律委员会经研究，建议采纳上述意见。

经研究，建议将本决定的施行时间确定为 2025 年 6 月 1 日。

此外，根据常委会组成人员的审议意见，还对修改决定草案作了一些文字修改。

修改决定草案修改稿已按上述意见作了修改，宪法和法律委员会建议提请本次常委会会议审议通过。

修改决定草案修改稿和以上报告是否妥当，请审议。

全国人民代表大会宪法和法律委员会

2024 年 12 月 24 日